Les hommes préhistoriques

Cet ouvrage rédigé par Roland Nespoulet et illustré par Cyril Cabry
est extrait du volume 3
Vivre de mille manières
de l'Encyclopédie pratique des Petits Débrouillards,
chez Albin Michel Jeunesse

© 2001 Albin Michel Jeunesse, 22, rue Huyghens 75014 Paris – Loi 49 956 du 16 juillet 1949 sur les publications destinées à la jeunesse – Dépôt légal second semestre 2001 – N° d'édition 12 258 – ISBN 2 226 119450–
L'appellation *Les Petits Débrouillards* est une marque déposée.

Les hommes préhistoriques

ALBIN MICHEL JEUNESSE

Les hommes préhistoriques

Mode d'emploi

Des expériences

**Il te faut de la patience,
de l'humour, de la persévérance !
N'hésite pas à recommencer
certaines expériences
ou à les faire découvrir à
ta famille, à tes amis.**

Chaque expérience est classée :

Elle demande du temps, ou du matériel, ou décrit des phénomènes compliqués mais passionnants.

Avec un peu d'attention, elle permet de connaître et de saisir des phénomènes scientifiques élaborés.

Elle se fait vite, ou presque sans matériel, ou se comprend aisément.

- En raison des produits employés, certaines expériences doivent se faire avec un adulte. La manipulation n'en sera que plus sûre et plus réussie. Cela est indiqué par la phrase : *« Cette expérience se fait en présence d'un adulte. »*

Les rubriques des expériences

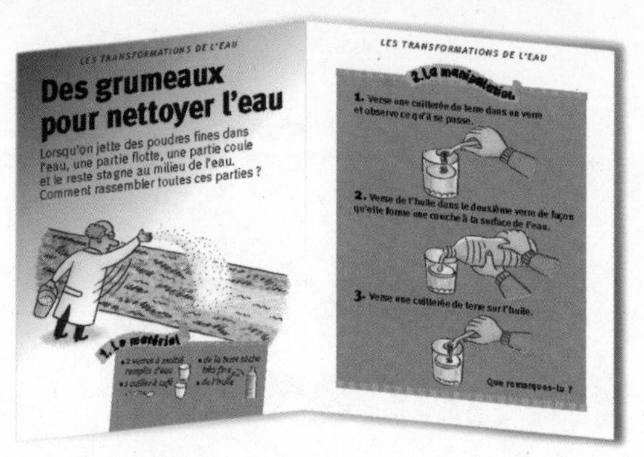
LES TRANSFORMATIONS DE L'EAU

Des grumeaux pour nettoyer l'eau

Lorsqu'on jette des poudres fines dans l'eau, une partie flotte, une partie coule et le reste stagne au milieu de l'eau. Comment rassembler toutes ces parties ?

1. Le matériel

LES TRANSFORMATIONS DE L'EAU

2. La manipulation

1. Verse une cuillerée de terre dans un verre et observe ce qu'il se passe.

2. Verse de l'huile dans le deuxième verre de façon qu'elle forme une couche à la surface de l'eau.

3. Verse une cuillerée de terre sur l'huile.

Que remarques-tu ?

LA MANIPULATION

est le déroulement point par point de l'expérience (ou de l'observation ou de l'enquête).

LE MATÉRIEL

dont tu as besoin est très courant et inoffensif, il se trouve chez toi, dans la cuisine, la cour ou le grenier ! Certains produits, peu coûteux, sont à acheter ; ex. : le bicarbonate de soude, sans danger, qu'on se procure en pharmacie.

L'EXPLICATION

te permet de comprendre ce qui vient de se passer.

L'APPLICATION

indique où ont lieu les phénomènes expliqués ou à quoi ils peuvent nous servir.

INTRODUCTION

Comment vivaient les hommes préhistoriques

À longueur d'années, les préhistoriens partagent leur temps entre des fouilles sur le terrain et des travaux en laboratoire. Mais que cherchent-ils donc ainsi ? L'homme préhistorique, bien sûr ! Ou plutôt les traces qu'il a laissées

dans le sol de ses habitats.
À chaque indice découvert, les préhistoriens approchent d'un peu plus près la vie quotidienne de nos ancêtres.
Toutes les questions qui vont suivre peuvent se résumer en une seule : comment vivaient les hommes préhistoriques ? Pour trouver des réponses, chaque détail découvert est important.
Pendant des milliers d'années, les hommes ont vécu en petits

groupes. Ils étaient chasseurs-cueilleurs. Pourquoi préféraient-ils les abris naturels aux grottes ? Aujourd'hui, il y a des hommes sur tous les continents. Mais cela n'a pas toujours été le cas. Peut-on savoir comment les hommes préhistoriques ont conquis peu à peu le monde entier ? Étaient-ils de grands voyageurs ? Comment les hommes préhistoriques se protégeaient-ils du froid ? Comment pratiquaient-ils

COLLE

la couture ? Avaient-ils de beaux habits ? Les chasseurs préhistoriques étaient aussi des pêcheurs. Mais comment étaient leurs premiers hameçons ?
Les hommes préhistoriques mangeaient-ils mieux que nous ?
Comment faire un gâteau préhistorique ?
Installons-nous à présent dans la machine et remontons le temps pour aller à la rencontre des hommes préhistoriques.

Des grottes très humides

Pourquoi les hommes préhistoriques n'ont-ils jamais habité au fond des grottes ?

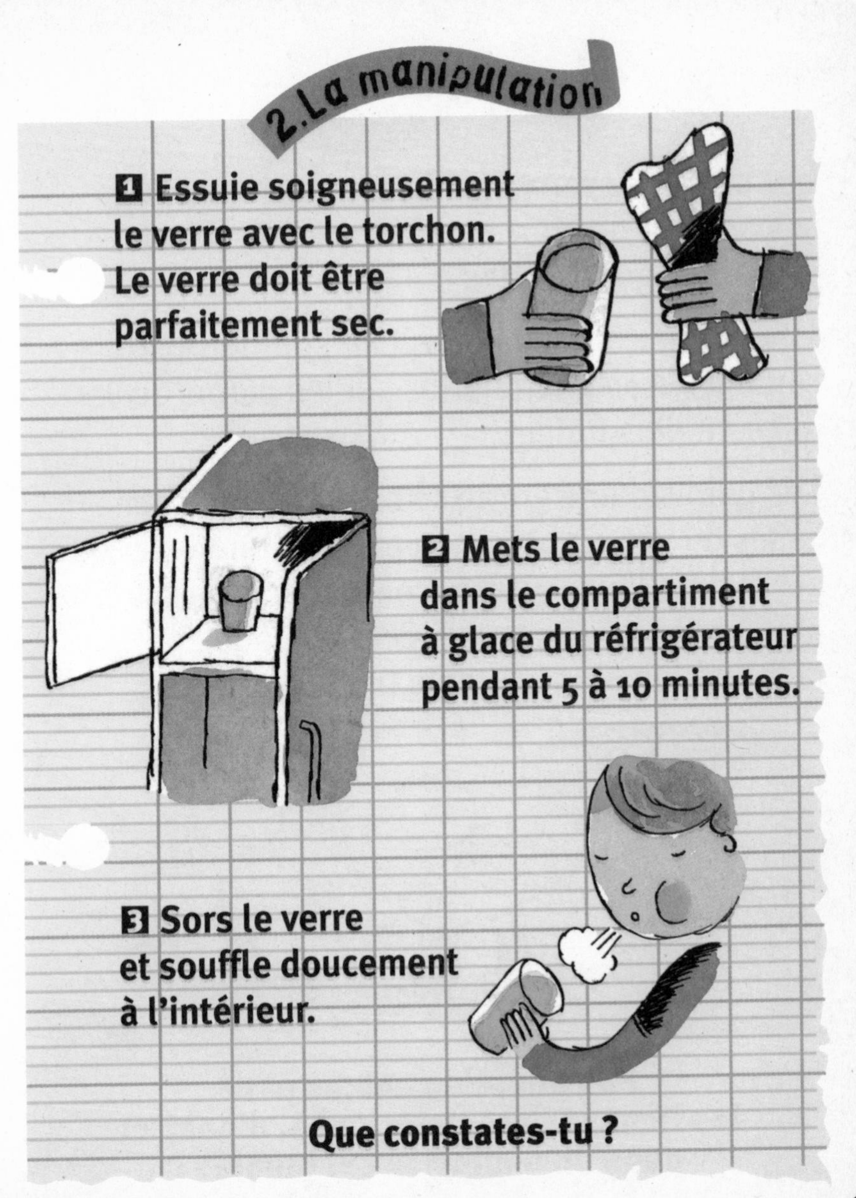

2. La manipulation

1 Essuie soigneusement le verre avec le torchon. Le verre doit être parfaitement sec.

2 Mets le verre dans le compartiment à glace du réfrigérateur pendant 5 à 10 minutes.

3 Sors le verre et souffle doucement à l'intérieur.

Que constates-tu ?

Les parois du verre, qui étaient bien sèches, se couvrent de buée et se mettent à ruisseler de petites gouttelettes d'eau.

L'humidité contenue dans l'air soufflé s'est condensée en gouttelettes sur les parois du verre, qui sont plus froides.

Les parois d'une grotte se comportent comme celles du verre. Lorsque la température extérieure est élevée, l'air chaud qui entre dans la cavité, plus froide, se condense. Cela provoque parfois la formation d'un véritable brouillard.

Pas question, même pour les hommes préhistoriques, d'habiter dans un endroit aussi humide !

4. L'application

Le phénomène de condensation s'inverse lorsque la température extérieure est basse. La vapeur d'eau contenue dans l'air de la grotte, plus chaud que l'air extérieur, se condense à son contact. Dans tous les cas, les grottes sont des milieux très humides.

Les hommes préhistoriques ont parfois pénétré au plus profond des grottes, en France en particulier. C'était pour en décorer les parois, comme à Lascaux, en Dordogne, ou à la grotte Chauvet, en Ardèche.

Ils préféraient habiter à l'entrée des grottes, sous des abris naturels, comme les abris-sous-roche, et, bien sûr, dans les cabanes qu'ils fabriquaient.

expérience TRÈS FACILE

Des abris très confortables

Les hommes préhistoriques ont souvent habité des abris-sous-roche, petites cavités dans les falaises, plus réduites que les grottes. Pourquoi ?

1. Le matériel

- *2 pierres calcaires plates et propres ou 2 assiettes remplies d'un sable d'une couleur pas trop claire*

2. La manipulation

Cette expérience doit se réaliser lors d'une belle journée ensoleillée (la saison idéale est l'été).

1 Place la première pierre en plein soleil, dans un endroit dégagé. En effet, pendant toute la durée de l'expérience, elle ne doit pas se retrouver à l'ombre.

2 Place la seconde pierre à l'ombre et au frais. Laisse les 2 pierres où tu les as mises pendant un après-midi (au moins 4 heures).

3 Retire la première pierre du soleil et pose-la à côté de la seconde restée à l'ombre. Touche les 2 pierres immédiatement, puis 1 heure après.

A
B

Que constates-tu ?

Pendant tout l'après-midi, la roche qui est restée au soleil a emmagasiné de la chaleur. Lorsqu'on la met à l'ombre, sa température diminue lentement. Elle reste chaude quelque temps : la quantité de chaleur reçue pendant l'échauffement sera en partie restituée dans l'air ambiant.

Selon les conditions de l'expérience (ensoleillement, qualité et dimension de la pierre), cette opération peut durer plusieurs heures ! En fait, la pierre se comporte comme un véritable accumulateur de chaleur. C'est un radiateur naturel !

4. L'application

Les grands abrupts rocheux, en calcaire par exemple, accumulent la chaleur de la même façon que dans l'expérience. Les hommes préhistoriques avaient remarqué ce phénomène, et savaient utiliser ces abrupts rocheux comme des radiateurs géants ! En s'installant dans les abris-sous-roche, ils pouvaient ainsi profiter au maximum du moindre rayon de soleil, même pendant les froides périodes de la préhistoire.

Voyageurs sans le savoir

À l'échelle de plusieurs générations, les groupes d'hommes préhistoriques pouvaient effectuer de très grands déplacements. Pourtant, la plupart d'entre eux n'étaient pas de grands voyageurs. Comment est-ce possible ?

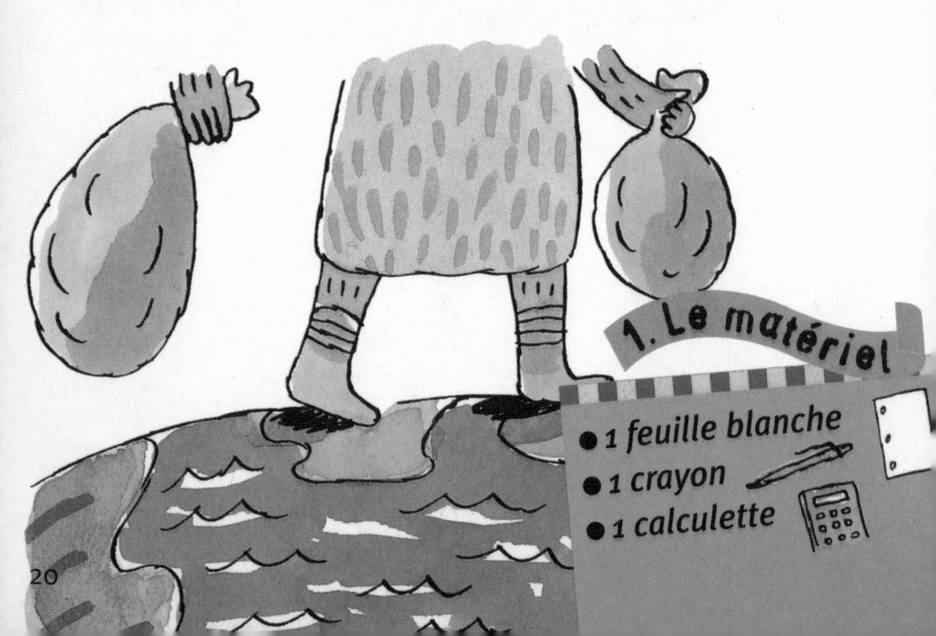

2. La manipulation

1 On sait que le territoire d'un groupe d'hommes préhistoriques devait s'inscrire dans un rayon de 50 km en moyenne.
On considère également que les femmes devaient avoir des enfants relativement tôt.
On peut ainsi estimer à 5 le nombre de générations en 100 ans (5 x 20 ans = 100 ans).

Si, d'une génération à l'autre, les enfants s'installent à côté du territoire de leurs parents (soit 50 km), quelle distance cela représentera-t-il en 1 000 ans ?

Le résultat est 2 500 km.

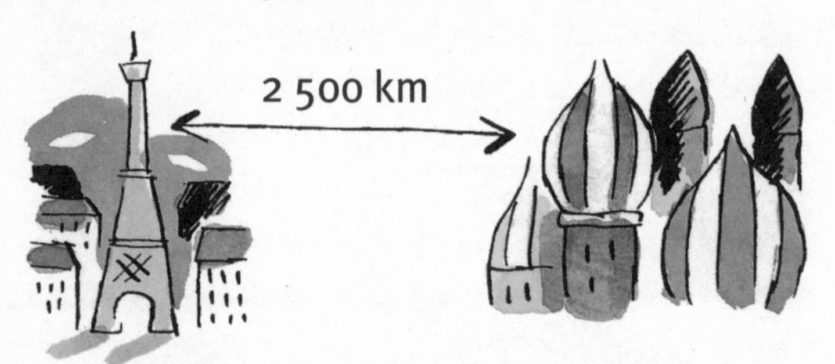

C'est la distance Moscou-Paris !

Les descendants d'un groupe vivant 1 000 ans plus tôt au bord de la mer Noire peuvent très bien se retrouver au bord de l'Atlantique, sans jamais avoir eu l'impression de voyager.
En effet, vivre à 50 km de l'endroit où l'on est né, ce n'est pas faire preuve d'un esprit de grand voyageur !

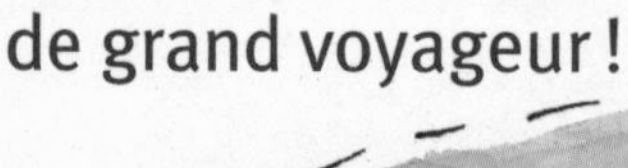

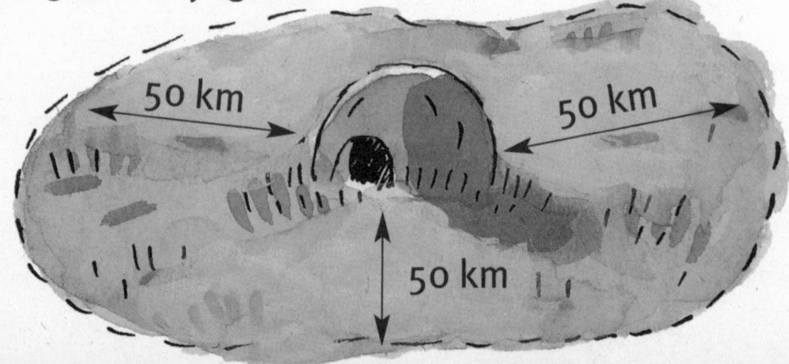

4. L'application

Une durée de 1 000 ans est très courte en comparaison des temps préhistoriques qui se comptent souvent en centaines de millénaires, ou en millions d'années. Bien sûr, il s'agit là d'un exemple théorique. Il a très bien pu exister de grands voyageurs pendant la préhistoire. Les préhistoriens disposent de peu d'éléments pour décrire la vie des hommes préhistoriques. Ils peuvent seulement construire des modèles, qui sont peut-être différents de la réalité vécue par les hommes préhistoriques.

A

B

Comment se protéger du froid ?

Pourquoi les hommes ont-ils toujours eu besoin d'habits ?

1. Le matériel

- 1 brin de laine de 2 m de long
- 1 réfrigérateur
- 1 lampe

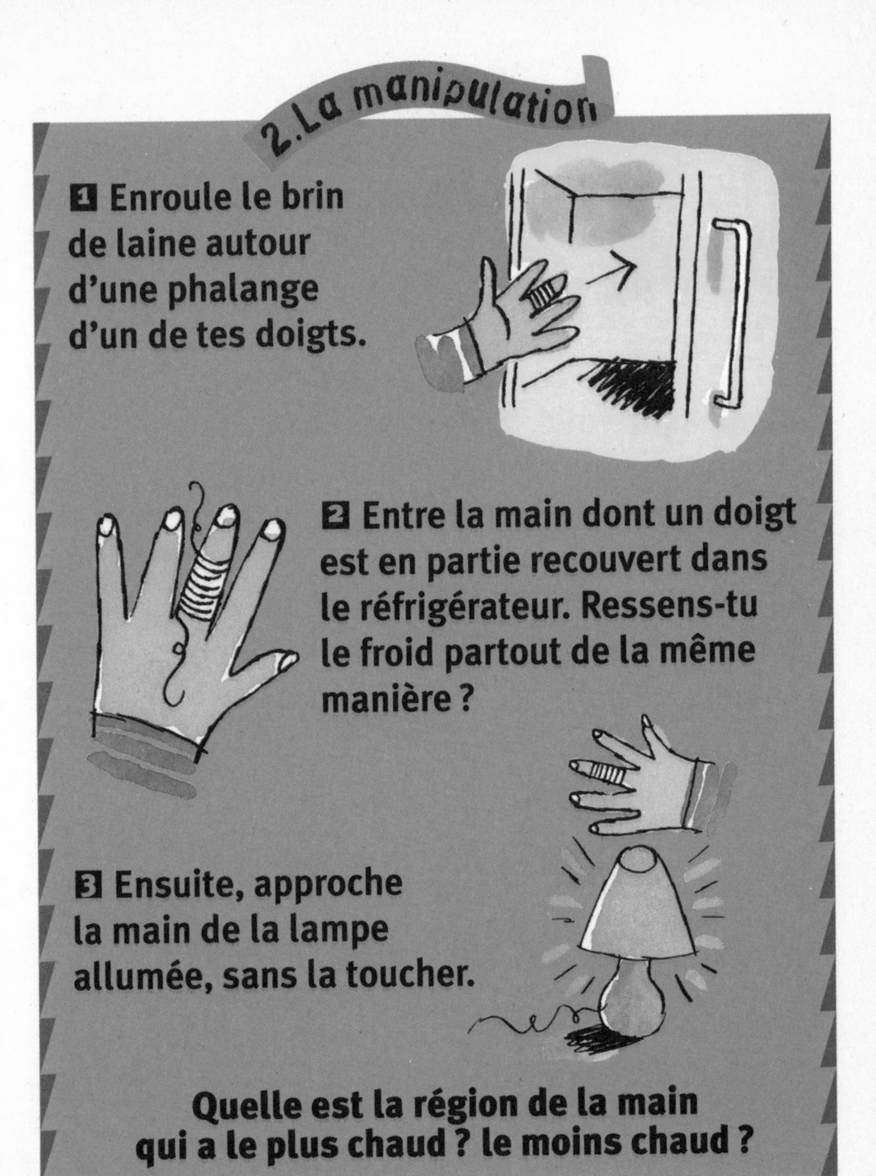

1 Enroule le brin de laine autour d'une phalange d'un de tes doigts.

2 Entre la main dont un doigt est en partie recouvert dans le réfrigérateur. Ressens-tu le froid partout de la même manière ?

3 Ensuite, approche la main de la lampe allumée, sans la toucher.

Quelle est la région de la main qui a le plus chaud ? le moins chaud ?

La phalange recouverte de laine a moins froid, mais aussi moins chaud, que les autres régions de la main, dont la peau est nue !

La laine protège ce qu'elle recouvre non seulement du froid, mais aussi de la chaleur. En réalité, elle ne réchauffe pas le corps, mais elle permet de l'isoler de l'environnement, en conservant sa propre chaleur. Si l'environnement est plus froid que la température du corps, la laine empêche la chaleur du corps de s'échapper.

Si l'environnement est plus chaud, la laine protège le corps de cette chaleur. Une veste en laine est donc aussi utile en haute montagne que dans le désert !

4. L'application

Dès la préhistoire, les hommes, qui ne possèdent ni fourrure ni peau épaisse, se sont inventé des habits. Il y a 20 000 ans, à l'emplacement de la France actuelle, le climat était le même qu'en Norvège aujourd'hui. Pas question dans ces conditions de se promener tout nu ! Les hommes préhistoriques se fabriquaient des vêtements très élaborés, en cousant des peaux. Mocassins, pantalons, veste et même gants : ils étaient très bien équipés contre le froid. On connaît ces vêtements grâce aux gravures et aux dessins qu'ils ont laissés et grâce à des coquillages et des perles qui avaient été fixés sur les coutures et qui sont restés après le pourrissement du vêtement.

L'aiguille à coudre,
une invention révolutionnaire

Il y a des objets de la vie courante dont la forme n'a pas changé depuis la préhistoire ! Par exemple, l'aiguille à coudre.

expérience
TRÈS FACILE

1. Le matériel

- *1 os long de poulet* de 6-8 cm, déjà cuit, à récupérer à la fin du repas
- *1 couteau*
- *du papier abrasif* du papier de verre ou 1 pierre ponce
- *1 compas*

2. La manipulation

L'expérience se fait en présence d'un adulte.

1 Demande à un adulte de fendre avec le couteau l'os de poulet en quatre dans le sens de la longueur.

2 Demande-lui ensuite de percer à l'aide de la pointe du compas l'une des baguettes ainsi obtenues. Il faut que le trou se situe à l'extrémité de la baguette et permette le passage d'un fil.

3 Quand la baguette d'os est bien sèche (temps de séchage : environ 2 journées), c'est à toi de jouer : arme-toi de patience ! Frotte la baguette sur le papier abrasif pour en user les deux bords. Il faut lui donner peu à peu la forme d'une aiguille. Attention ! N'insiste pas trop du côté qui est percé.

L'astuce de fabrication de l'aiguille à coudre, c'est de percer le trou de l'aiguille, le chas, avant de la mettre en forme. Cela évite de la casser.

Les aiguilles préhistoriques étaient également en os, mais plutôt en os de mammifères (renne, bison...), plus solides.

Cette invention a connu un grand succès. Depuis leur invention il y a 20 000 ans, les aiguilles à coudre ont toujours été utilisées, même si aujourd'hui elles sont en métal.

4. L'application

L'astuce de sa fabrication nous a été transmise involontairement par les hommes préhistoriques. En effet, de nombreuses aiguilles à chas ont été retrouvées, à différents stades de fabrication. On a ainsi pu retracer étape par étape la fabrication de ces pièces. L'aiguille à chas a permis une couture très fine et très précise. Nul doute que les hommes préhistoriques devaient avoir de beaux habits !

Ficelles et cordes

Pour faire des liens, les hommes préhistoriques pouvaient utiliser des tendons d'animaux ou des lanières de peau. Mais comment fabriquaient-ils des cordes tressées ?

expérience SIMPLE

1. Le matériel

- 1 m de fibre végétale (par exemple du raphia)
- 1 verre d'eau

1 Fais tremper les fibres végétales dans un verre rempli d'eau pendant une demi-journée.

2 Coupe 3 brins de même longueur. Attache-les ensemble à une de leurs extrémités.

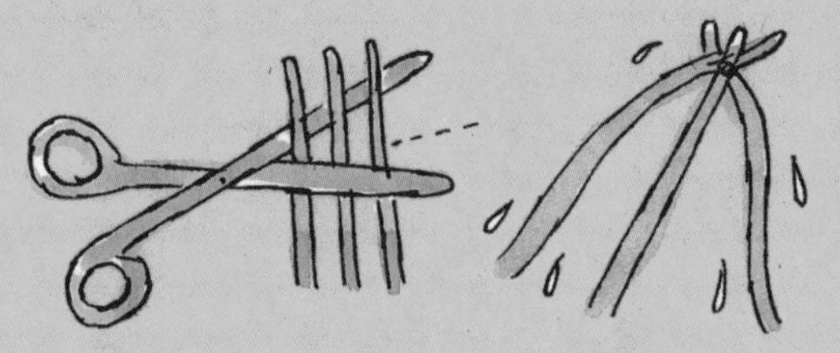

3 Tresse ensuite les 3 brins (tu peux t'aider du schéma). Attache ensemble les extrémités restées libres. Laisse sécher.

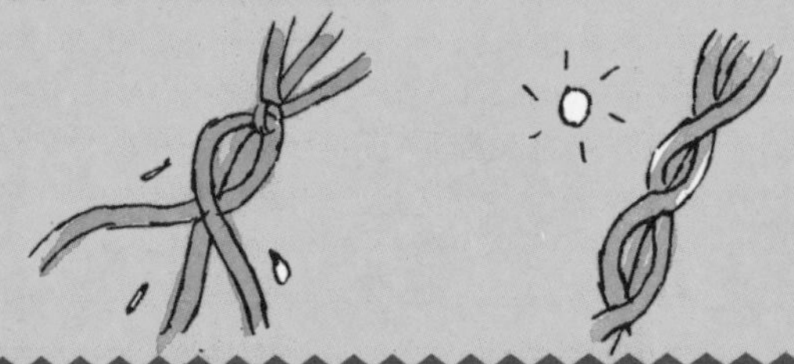

En humidifiant les fibres, on les rend plus souples. Elles sont ainsi plus faciles à tresser.

Lorsque ces fibres tressées sont sèches, on obtient une petite cordelette assez solide (il ne faut quand même pas tirer trop fort dessus !).

Bien sûr, en augmentant le nombre de brins, on augmente la résistance de la cordelette.

4. L'application

Dans la grotte de Lascaux, en Dordogne, on a retrouvé l'empreinte d'une cordelette très semblable, mais plus grosse. Elle avait servi aux peintres, peut-être pour escalader un passage difficile.
C'est la plus vieille corde connue au monde !
Il est très rare de trouver des traces de cordes dans les habitats préhistoriques, car elles ne se fossilisent pas. Mais il est très probable qu'elles devaient être très utiles dans la vie quotidienne, par exemple pour attacher les piquets d'une cabane, faire un collier, coudre les vêtements, fixer des pointes au bout des sagaies, attacher des objets entre eux, etc.

Un petit sac fourre-tout

Comment fabriquer un petit sac à la manière des hommes préhistoriques ?

1 Plie le coupon de tissu comme sur le schéma. Prépare l'aiguille avec environ 30 cm de fil. N'oublie pas de faire un bon nœud à l'extrémité de ton fil à coudre !

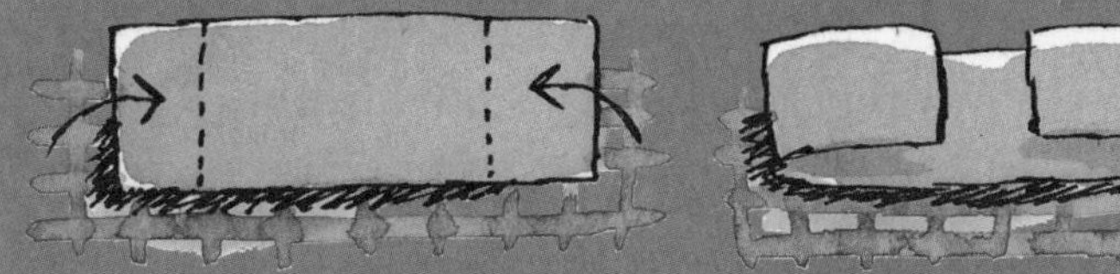

2 Regarde sur le schéma pour savoir quelles parties doivent être assemblées. Couds ensuite en suivant le modèle de point proposé. Termine tes coutures par un nœud d'arrêt.

3 Une fois les 4 bords cousus, il ne reste plus qu'à plier le sac en deux et à passer la ficelle nouée en boucle sous la pliure.

3. L'explication

C'est une forme très simple de besace, c'est-à-dire un sac composé de deux poches. Elle pourrait tout aussi bien être faite en peau et cousue avec des lanières.
Le point utilisé est le point de surjet.
La forme de la besace est bien sûr imaginée par les archéologues, ainsi que le point de couture utilisé. Cependant, des sacs plus récents ont parfois été conservés dans des glaces ou des tourbières.

De plus, on connaît de nombreux poinçons et aiguilles datant de la préhistoire.

On peut ainsi en déduire que nos ancêtres pratiquaient couramment la couture.

4. L'application

Les plus anciens tissus connus datent du néolithique, il y a près de 6 000 ans. Ils sont constitués de fil de lin (une plante dont on utilise les fibres de la tige). Certains habits en tissu nous sont parvenus, parfois encore portés par un de nos ancêtres congelé dans les glaces ou momifié dans les tourbières (mousses). On peut ainsi connaître précisément la forme des vêtements, c'est-à-dire la mode de l'époque !

expérience SIMPLE

Les bijoux de Cro-Magnon

Comment les hommes préhistoriques fabriquaient-ils leurs « bijoux » ?

1. Le matériel

- des petits coquillages
- des petites pierres ovales
- du fil de coton (ficelle à rôti par exemple)
- 1 clou
- 1 petit marteau
- de la colle

1. Perce les petits coquillages avec le clou. Attention de ne pas les casser !

2. Entoure les petites pierres de ficelle pour pouvoir les suspendre.

3. Quand tu auras fait le nœud, mets 3 ou 4 points de colle sur la ficelle pour qu'elle tienne bien sur la pierre.

4. Une fois que tu as réuni tous les éléments de ton collier, enfile-les 1 par 1 sur le fil. Ferme ensuite ton collier par un double nœud solide.

Les éléments de ce collier ont été utilisés par les hommes préhistoriques. Mais ils utilisaient bien d'autres choses encore.

Les **dents** de certains animaux : lion des cavernes, loup, renard, ours, cerf, renne.

Certains petits **coquillages fossiles** qu'on peut trouver en se promenant.

De petites pièces sculptées en **os** ou en **ivoire de mammouth** (des perles par exemple).

4. L'application

Grâce aux découvertes archéologiques, on sait que la parure (tout ce qui peut décorer la peau ou un vêtement) avait une très grande importance pour les hommes préhistoriques.
Certaines pièces avaient peut-être même une grande valeur.
Des coquillages ont ainsi été transportés sur des centaines de kilomètres.
Servaient-ils de monnaie d'échange ?
La peinture corporelle venait probablement compléter la parure.
Comme nous, les hommes préhistoriques avaient le goût des beaux objets à porter.

Les premiers hameçons

Comment étaient les premiers hameçons ?

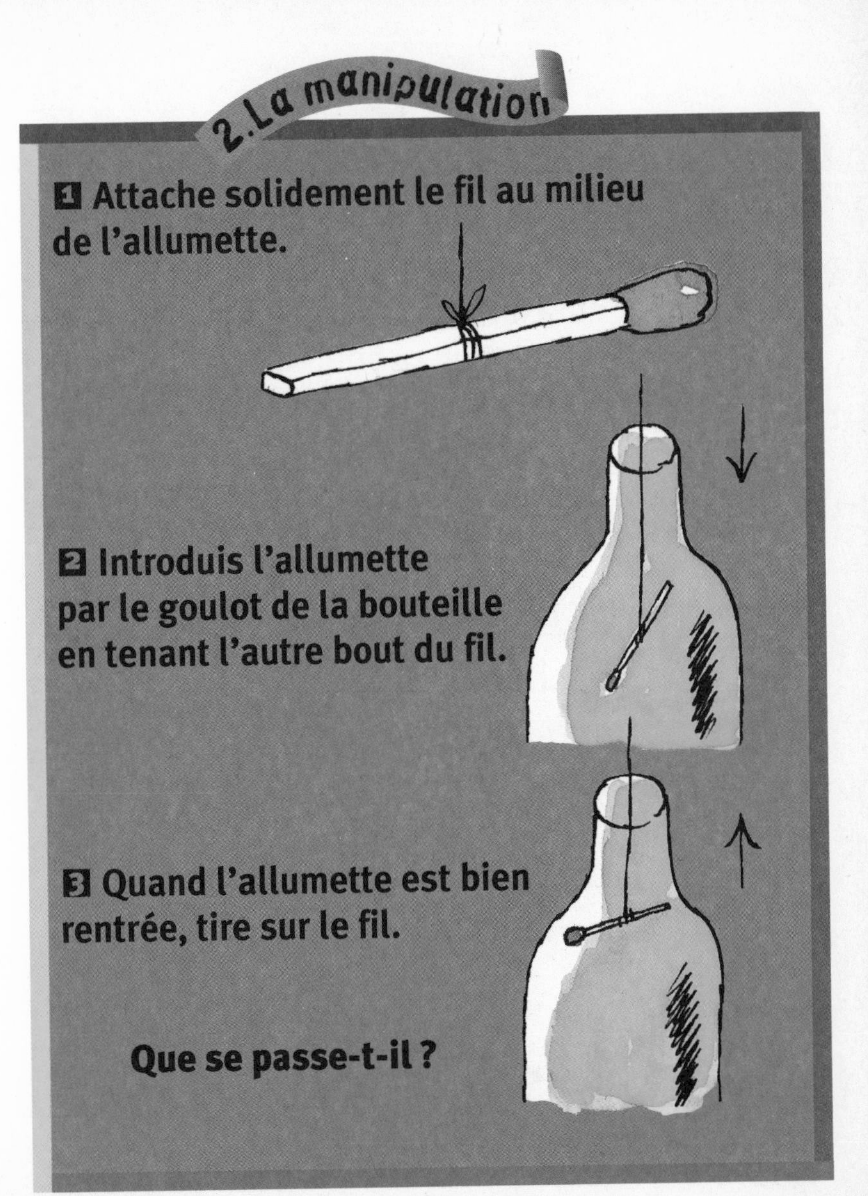

1 Attache solidement le fil au milieu de l'allumette.

2 Introduis l'allumette par le goulot de la bouteille en tenant l'autre bout du fil.

3 Quand l'allumette est bien rentrée, tire sur le fil.

Que se passe-t-il ?

Quand tu tires sur le fil, l'allumette se met en travers du goulot de la bouteille. Tant que la traction sur le fil est maintenue, l'allumette reste solidement coincée. C'est ce principe qui a été utilisé, le goulot de la bouteille correspondant à la bouche du poisson !

Il s'agit en fait de l'hameçon le plus simple qui soit.

4. L'application

Les préhistoriens ont retrouvé dans les habitats préhistoriques de petites tiges d'os qui étaient certainement des hameçons de ce type. De très fines lanières de cuir ont pu servir de fil de pêche, mais elles ne se sont pas conservées.
Les plus anciens hameçons de ce type ont 27 000 ans !
La pratique de la pêche date certainement de plus longtemps, mais on ne connaît pas d'hameçons plus anciens.
Plus tard, les techniques ont évolué. Il y a 16 000 ans apparaissaient les premiers harpons et foènes (de grands harpons).
Puis, au néolithique (il y a 6 000 ans environ), apparaissent enfin les hameçons tels que nous les connaissons.

Un bouillon bien chaud

Comment faire chauffer de l'eau lorsqu'on n'a ni casserole, ni poterie ?

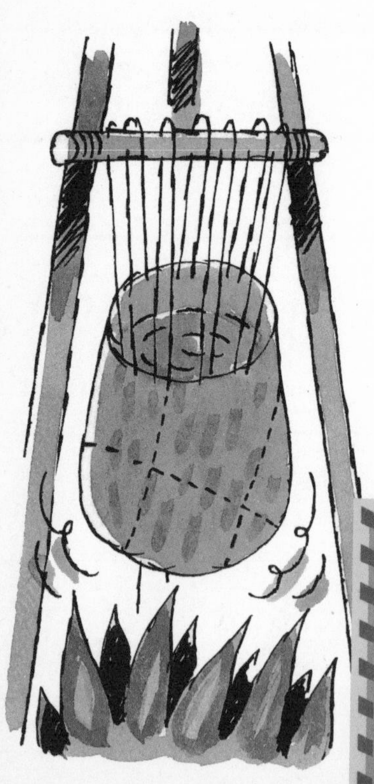

1. Le matériel

- 1 bougie
- 1 feuille de papier de 20 cm x 20 cm
- 1 verre rempli au quart d'eau (pas plus !)

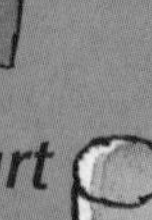

2. La manipulation

L'expérience se fait en présence d'un adulte.

1 Plie la feuille de papier selon les 2 diagonales et garde-la pliée.

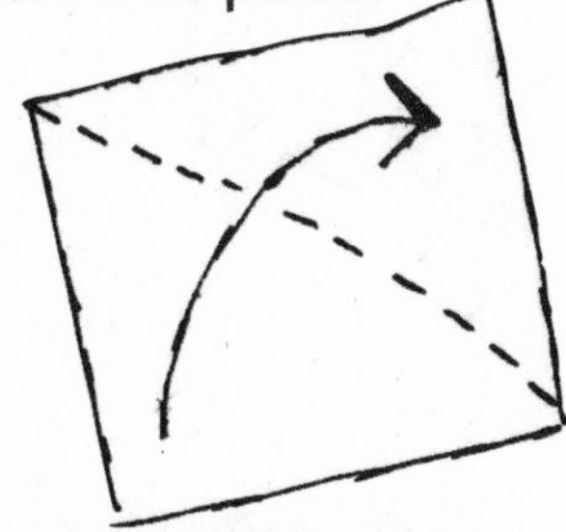

2 Plie ensuite l'un des côtés de façon à obtenir un petit récipient pyramidal (aide-toi du schéma).

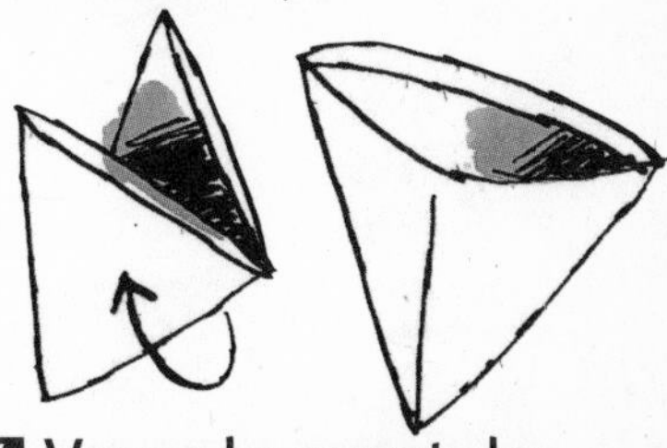

3 Fais allumer la bougie par un adulte sur une surface résistante et dégagée (par exemple le fond plat de l'évier de la cuisine).

4 Verse le quart de verre d'eau dans le petit récipient en papier et place-le au-dessus de la flamme.

5 Attends environ 1 minute : attention de ne pas te brûler les doigts !

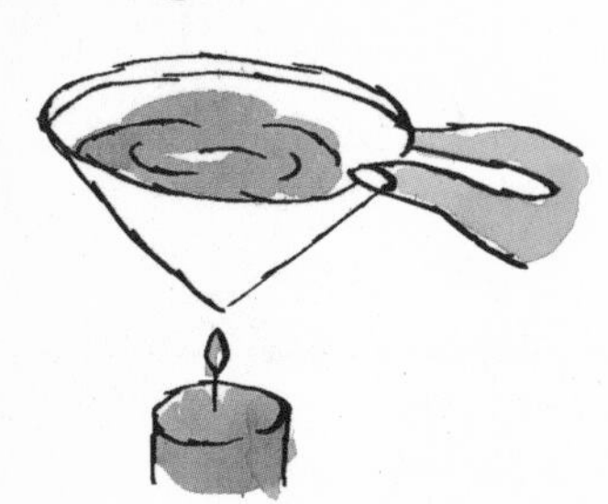

6 Plonge ton doigt dans l'eau.

Qu'observes-tu ?

3. L'explication

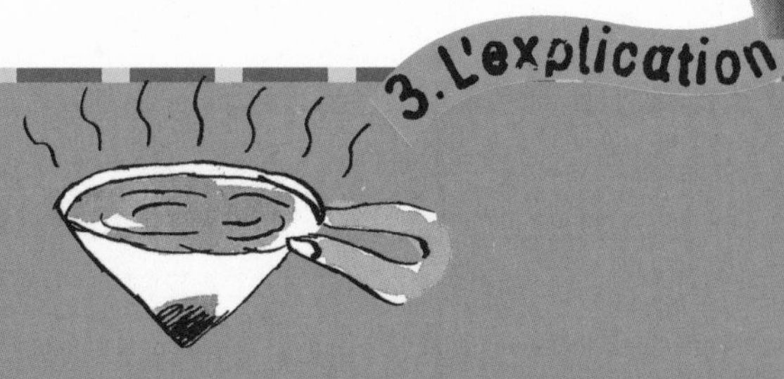

Même si le papier noircit un peu (cela est dû à la fumée de la bougie), il ne brûle pas ! De plus, l'eau est chaude ! Tant que le récipient de papier contiendra de l'eau, il ne brûlera pas, et il sera possible de le maintenir au-dessus de la flamme.

4. L'application

Le papier est une matière fragile que les hommes préhistoriques ne connaissaient pas. Mais ils utilisaient probablement ce principe avec des récipients en peau. Ils les suspendaient au-dessus d'un feu ou de braises bien rouges. Ils pouvaient ainsi faire bouillir de l'eau.

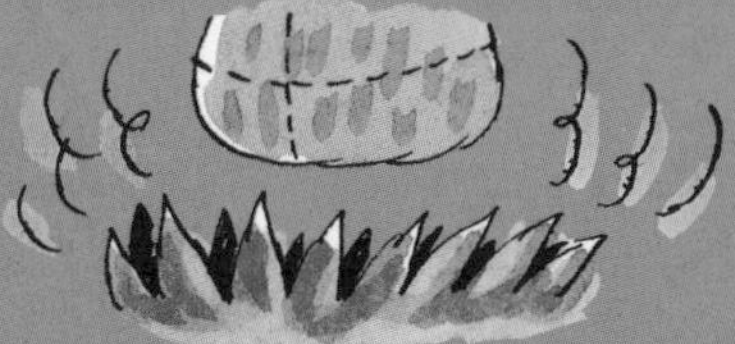

Les préhistoriens pensent aussi que les hommes préhistoriques faisaient chauffer des galets dans la braise et qu'ils les jetaient ensuite dans un récipient en peau rempli d'eau : cela marche très bien aussi.

Rien ne se perd !

À certaines époques et dans certaines régions, les rennes étaient très nombreux. C'était alors le gibier presque exclusif des hommes préhistoriques. Pour quelles raisons ?

Tout est bon dans le renne ! À toi de découvrir comment chaque partie était utilisée dans la vie de tous les jours des hommes préhistoriques

2. L'application

Durant la préhistoire, les rennes étaient nombreux en Europe. Grâce aux découvertes archéologiques, on sait beaucoup de choses sur la façon dont les hommes préhistoriques utilisaient le renne. En voici quelques exemples. Pour extraire les tendons des pattes de renne, les hommes préhistoriques utilisaient une lame de silex particulièrement coupante. Lorsqu'on regarde les os, il est possible de voir les petites stries laissées par les coups de silex. Dans les campements préhistoriques, on trouve de très nombreuses petites esquilles. C'est tout ce qu'il reste des os qui ont été volontairement écrasés pour en extraire la moelle. Certains bois de renne ont servi de percuteurs (marteaux) pour tailler le silex. En effet, en regardant à la loupe, on a observé que certains comportaient de tout petits morceaux de silex plantés dans l'extrémité qui avait servi à taper.

1. Ramures
6. Tendons
7. Peau
2. Viande
8. Incisiv
3. Vessie
9. Os
10. S
4. Foie
11. Gr
5. Estomac
J Sagaie
I Parures
L Vêtements

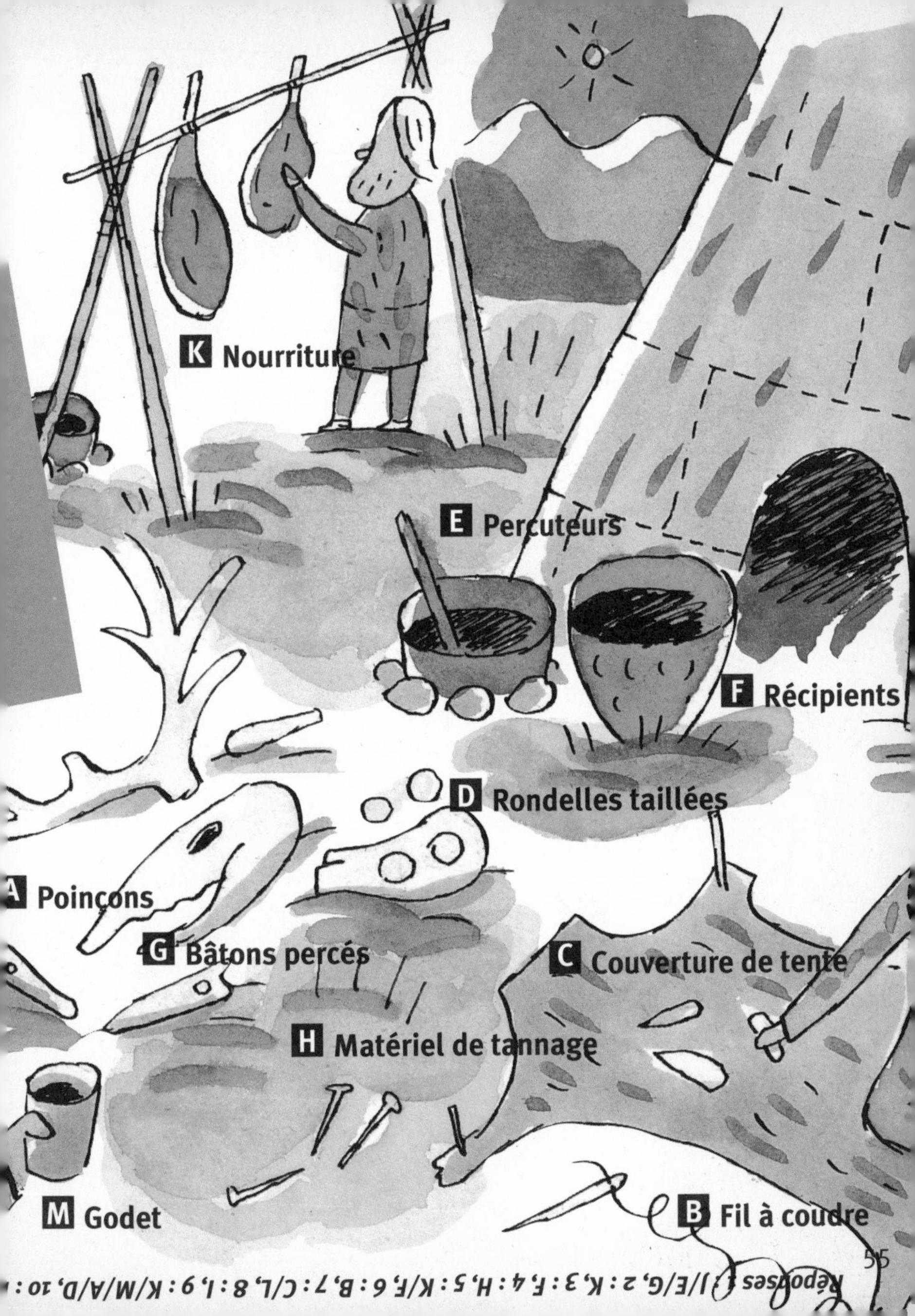

Réponses : 1 : J/E/G, 2 : K, 3 : F, 4 : H, 5 : K/F, 6 : B, 7 : C/L, 8 : I, 9 : K/M/A/D, 10 :

La meule à grains

Comment les hommes préhistoriques fabriquaient-ils de la farine ?

expérience
TRÈS FACILE

1. Le matériel

- 1 galet
- 1 pierre plate (d'au moins 20 cm x 20 cm)
- des grains de blé (dans les supermarchés)
- 1 assiette
- 1 brosse
- de l'eau

1 Nettoie très soigneusement le galet et la pierre en les brossant sous l'eau courante dans un évier. Renouvelle plusieurs fois le nettoyage si nécessaire. Laisse-les bien sécher.

2 Pose la pierre plate sur un support stable, ou par terre, dehors. Verse dessus une petite poignée de grains de blé.

3 Écrase-les ensuite avec le galet. Attention ! Il faut appuyer fort et faire un mouvement de va-et-vient sur la pierre plate.

4 Quand tous les grains sont bien écrasés, récupère-les dans l'assiette.

3. L'explication

Plus la durée de broyage est longue, plus la farine obtenue est fine. Il faut donc être patient pour obtenir une bonne farine !
La pierre plate s'appelle la meule et le galet la molette. Il s'agit d'un système de meule dormante (la meule ne bouge pas). Un autre système dormant est celui du pilon qu'on frappe au fond d'un mortier.

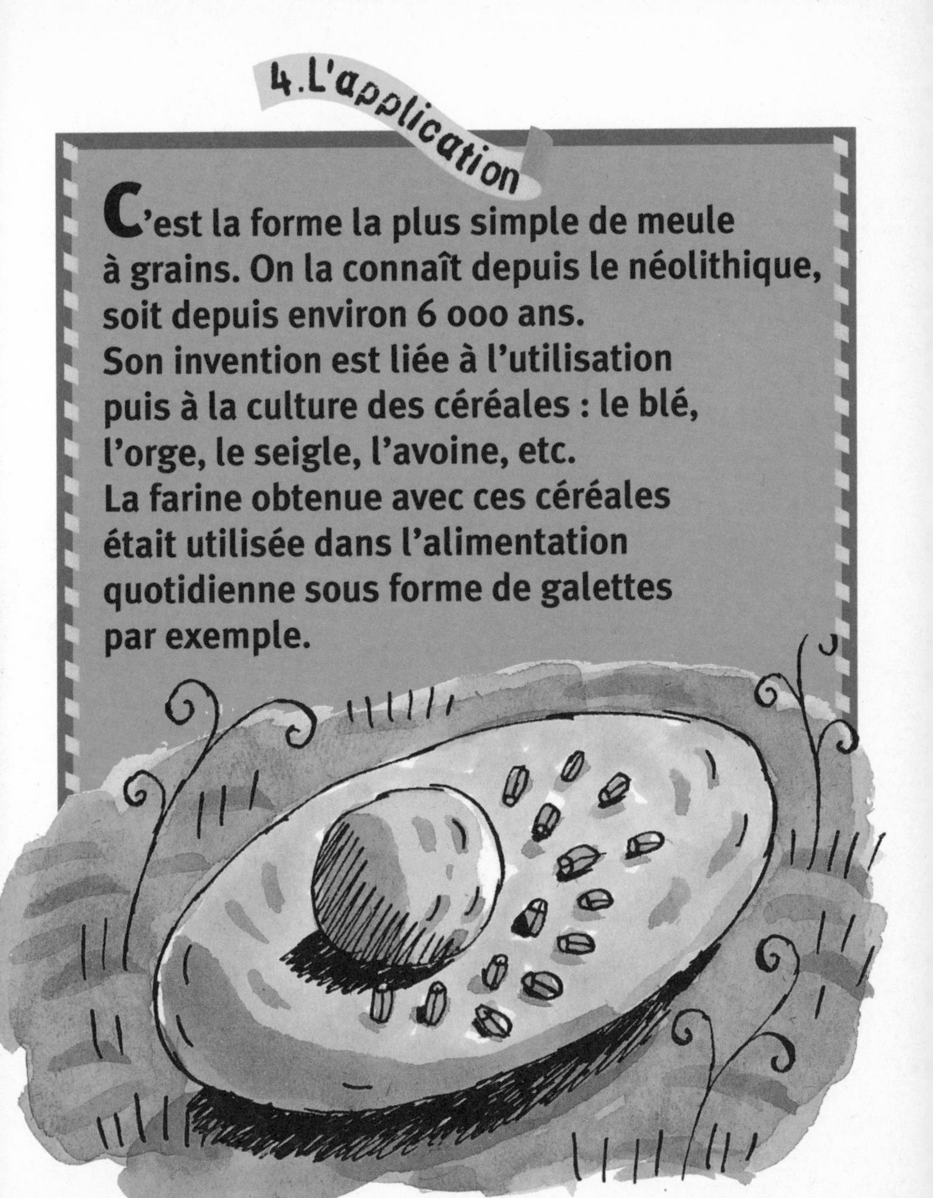

4. L'application

C'est la forme la plus simple de meule à grains. On la connaît depuis le néolithique, soit depuis environ 6 000 ans. Son invention est liée à l'utilisation puis à la culture des céréales : le blé, l'orge, le seigle, l'avoine, etc. La farine obtenue avec ces céréales était utilisée dans l'alimentation quotidienne sous forme de galettes par exemple.

Une galette aux noisettes

Un gâteau préhistorique !

1 Décortique soigneusement les noisettes. Broie-les finement sur la meule.

2 Dans le bol, mélange farine et noisettes broyées. Incorpore le miel. Malaxe bien avec les doigts.

3 Verse l'eau progressivement en continuant de malaxer. Tu dois obtenir une pâte assez compacte.

4 Étale-la ensuite, afin d'obtenir une petite galette d'un demi-centimètre d'épaisseur.

5 Demande à un adulte de la cuire dans la poêle (sans matières grasses !), sur feu vif, 2 minutes pour chaque face. Laisse refroidir.

Tout d'abord, bon appétit !

Tous les ingrédients que tu as utilisés pour fabriquer cette galette pouvaient être trouvés par les hommes préhistoriques.

L'étude des pollens des plantes et des graines fossiles permet de connaître les plantes de la préhistoire.

Par exemple, on sait que les noisetiers existent depuis des milliers d'années. On sait également que les céréales sont cultivées depuis le néolithique (il y a environ 6 000 ans).

4. L'application

Il est possible que certains fruits (comme la châtaigne) aient été utilisés bien avant les céréales (comme le blé) pour la fabrication de la farine. Bien sûr, les poêles n'existaient pas. En posant la galette sur une pierre très chaude (bordant un foyer), on obtient une cuisson similaire. Il est également possible de faire cuire la galette dans des cendres chaudes (en l'entourant de feuilles).

Plus sophistiqué, le four n'est connu que depuis le néolithique.

Un moulage fidèle

Pourquoi les préhistoriens font-ils des moulages ?

1. Le matériel

- 2 morceaux de pâte à modeler (malaxée et bien souple)
- 1 verre de plâtre
- 1 petit récipient en plastique (le fond d'une bouteille d'eau coupée en 2 par exemple)
- 1 planchette de 10 cm x 10 cm
- du liquide vaisselle
- 1 petit pinceau
- du papier journal (qui sert à protéger la surface où tu travailles)
- de l'eau

2. La manipulation

1 Pose l'un de tes doigts bien à plat sur la planchette. Recouvre-le entièrement avec le premier morceau de pâte à modeler.

2 Démoule doucement ton doigt. Retourne l'empreinte obtenue et place-la sur la planchette. Avec le reste de pâte à modeler, ferme l'entrée du « tunnel ».

3 Avec le pinceau, enduis le fond de ton empreinte de liquide vaisselle. N'en mets pas trop !

4 Dans le récipient en plastique, verse un quart de verre d'eau. Verse doucement le plâtre en pluie en remuant jusqu'à obtenir un liquide épais.

5 Verse le mélange
dans l'empreinte.
Attends 1 heure.
Lorsque le plâtre est sec,
retire délicatement la pâte à modeler.

À quoi ressemble le plâtre ?

Le plâtre est une copie fidèle de ton doigt ! Les préhistoriens utilisent la même méthode. D'abord, ils coulent un élastomère (un produit qui durcit tout en restant souple) sur un sol archéologique. C'est la prise d'empreinte. Ensuite, ils coulent du plâtre ou de la résine spéciale dans l'empreinte. C'est le tirage de l'objet.

La patine de l'objet est l'opération qui consiste à peindre le tirage pour lui donner les mêmes apparences que l'original.

4. L'application

La technique du moulage utilisée par les préhistoriens permet de reproduire fidèlement un objet très fragile, comme un crâne, ou de prendre l'empreinte d'un pas en trois dimensions sur un sol préhistorique dégagé lors de la fouille.
Au même titre que les photographies et les plans, le moulage à l'aide de plâtre et de résine est une technique de relevés lors d'une fouille.
Grâce à la très grande précision des moulages actuels, il est possible d'étudier directement les copies des objets. On permet ainsi à l'original de mieux se conserver.
Enfin, les moulages permettent de présenter des objets extrêmement fragiles au public sans risque d'abîmer les originaux.

À quelle altitude sommes-nous ?

expérience SIMPLE

Quand on dit que le mont Blanc est à une altitude de 4 807 mètres, par rapport à quoi donne-t-on cette mesure ?

1. Le matériel

- *1 petit carnet*
- *1 crayon*

2. L'observation

L'expérience se fait en présence d'un adulte.

1 Rends-toi à la mairie de ta commune et demande où est située la borne NGF (nivellement général de la France). S'il y a une gare près de chez toi, pose la question au chef de gare. Selon l'endroit où tu habites, tu peux trouver l'une de ces bornes sur l'église ou tout autre édifice remarquable (pont, monument, etc.).

2 À chaque fois, note bien tout ce qui est écrit sur la borne.

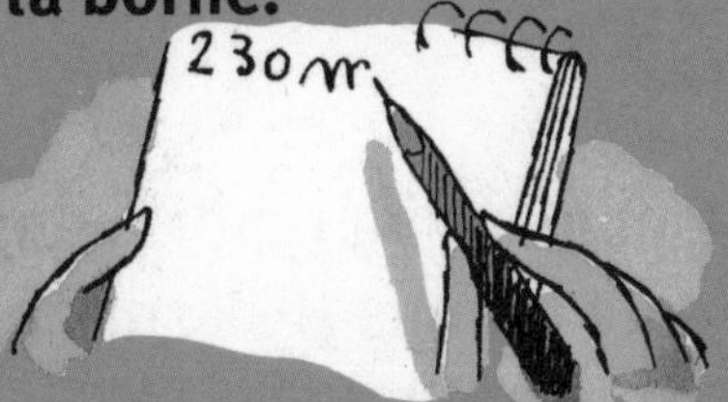

Tu sauras ainsi à quelle altitude tu habites !

3. L'explication

En général, une borne NGF indique l'altitude au centimètre près. Elle est parfois plus précise (au demi-centimètre).

Le nivellement général de la France correspond à une hauteur conventionnelle par rapport à laquelle on mesure l'altitude de n'importe quel endroit en France. Ce point de référence est situé dans le port de Marseille. On l'appelle également le niveau de la mer. Bien sûr, c'est une convention, car la hauteur de la mer est variable !

À partir de ce point, on a reporté des milliers et des milliers de bornes NGF sur des monuments et des points remarquables.

Aujourd'hui, on se sert également des satellites pour mesurer l'altitude.

4. L'application

Les géomètres qu'on voit parfois au bord des routes (ils ont de grands bâtons et un appareil de mesure optique sur un gros trépied : le théodolite) utilisent quotidiennement le nivellement général de la France pour positionner leurs propres mesures.
Il s'agit d'une référence pour la France.

Tous les préhistoriens, lorsqu'ils commencent de nouvelles recherches, font un plan du site préhistorique et mesurent sa hauteur par rapport au NGF. Ils connaissent ainsi l'altitude relative exacte de leur fouille.

Comment vivaient les hommes préhistoriques

En 1868, en France, au cœur du Périgord, des travaux permettent de découvrir par hasard des ossements humains. Cette découverte aurait pu passer inaperçue si les scientifiques ne s'en étaient pas mêlés.
Ils sont certains que ces squelettes, qui ressemblent beaucoup aux squelettes des hommes modernes, sont préhistoriques. Il s'agirait en fait de nos plus proches ancêtres !

Cro-Magnon et l'enfance de la préhistoire

On choisit de leur donner le nom de l'endroit où ils sont découverts : l'abri de Cro-Magnon. L'homme de Cro-Magnon serait donc notre « grand-père » le plus direct.

La préhistoire s'oppose aux textes de la Bible

La science de la préhistoire a moins de 150 ans, et il n'a pas été facile de la faire accepter.

En effet, lors des premières découvertes archéologiques, au **19e siècle**, les textes de la Bible imposent encore leur interprétation des origines de l'homme. En particulier, il est dit que rien n'a subsisté après le Déluge. Or, Jacques Boucher de Perthes (1788-1868), après avoir fait des fouilles dans la Somme, apporte la preuve que les outils de silex taillés par l'homme sont contemporains d'ossements d'animaux disparus. Lorsqu'il annonce qu'il a retrouvé les traces de l'homme antédiluvien (celui qui a vécu avant le déluge biblique), il est violemment critiqué. Après Boucher de Perthes, les découvertes archéologiques se multiplient.

La préhistoire est divisée en deux grandes époques

L'intérêt se porte sur les industries lithiques et osseuses (les outils de pierre et d'os). On distingue alors l'époque de la pierre récente, le néolithique (néo=nouveau ; lithique=pierre), et l'époque de la pierre ancienne, le paléolithique (paléo=ancien).
En **1863**, dans le gisement de la Madeleine, en Périgord, la découverte d'un fragment d'ivoire de mammouth apporte une nouvelle preuve, spectaculaire, de la très grande ancienneté de l'homme.

Les hommes préhistoriques étaient de grands artistes

Sur cet objet vieux de 12 000 ans, on peut voir un mammouth gravé par un artiste préhistorique. Non seulement les hommes de Cro-magnon ont connu les mammouths, animaux aujourd'hui disparus, mais certains d'entre eux étaient de grands artistes ! Les scientifiques ont découvert par la suite que nous avions des ancêtres beaucoup plus anciens que l'homme de Cro-Magnon. Mais cela est une autre histoire.

Comment vivaient les hommes préhistoriques

On peut aujourd'hui se faire une idée très précise de la manière dont vivaient les hommes préhistoriques.
En étudiant leur culture matérielle, c'est-à-dire les objets découverts lors des fouilles,

Les objets parlent

de nombreuses techniques de leur vie quotidienne peuvent être mises en évidence.
Il est parfois possible

FUTUR

de reconnaître un bon tailleur de silex, simplement en observant la forme des éclats de silex qu'il a abandonnés sur le sol !

Même un indice microscopique peut être capital pour les préhistoriens

Le tranchant des outils de silex vu au microscope électronique raconte à quoi ils ont servi : découpage de la viande, du bois, grattage des peaux... Les préhistoriens utilisent également des ordinateurs toujours plus puissants pour inventorier, classer

et étudier les dizaines de milliers de pièces qu'ils découvrent au cours des fouilles. Ils font appel aux technologies scientifiques les plus modernes pour étudier l'environnement de l'homme préhistorique. Chaque indice peut s'avérer capital pour connaître les climats du passé. Les pollens des plantes sont microscopiques, et pourtant ils ont la propriété de pouvoir se conserver des dizaines

Les pollens permettent de connaître la végétation préhistorique

de milliers d'années. C'est une chance quand on en retrouve dans les sédiments d'un sol préhistorique ; ils sont les témoins de la végétation de l'époque. Les animaux sont aussi de très bons indicateurs climatiques. Par exemple, si les troupeaux de rennes traversaient la Seine, il y a 14 000 ans, nul doute qu'il faisait beaucoup plus froid qu'aujourd'hui à Paris ! Le travail très minutieux des préhistoriens se situe au carrefour de nombreuses disciplines scientifiques. Mais la vie des hommes préhistoriques

ne se limitait pas seulement aux objets qui sont parvenus jusqu'à nous ni à leur environnement végétal et animal.

L'organisation de leur vie sociale reste, en grande partie, un mystère. Y avait-il des chefs ? Des sorciers ? Comment le travail était-il partagé ?

Certains aspects de la vie des hommes préhistoriques restent mystérieux

À quoi ressemblait la société de nos ancêtres

Pour tenter de répondre à ces questions, les scientifiques ont observé des groupes humains qui vivaient encore, il y a peu de temps, en harmonie avec la nature.
Par exemple, le mode de vie des Inuit (appelés aussi Esquimaux) apporte de précieuses informations aux préhistoriens.
Comme les hommes préhistoriques, ils sont nomades et pratiquent

la chasse et la pêche.
De plus, ils vivent
dans des conditions
climatiques et
écologiques extrêmes,
très froides, semblables
à celles qui ont existé en
Europe pendant certaines
périodes de la préhistoire.
Bien sûr, il faut rester très
prudent lorsqu'on fait des
comparaisons : les Inuit
ne sont pas
du tout des hommes
préhistoriques !
La prudence et
la modestie doivent être
les qualités essentielles
du préhistorien.
Chaque découverte
archéologique, même
si elle ne remet pas en

cause toutes les théories d'un seul coup, soulève de nouvelles questions, ou apporte un éclairage différent à certaines connaissances.

Les plus grandes découvertes restent encore à faire

Les découvertes sont le moteur même de la recherche et on sait aujourd'hui qu'il en reste de nombreuses à faire, parfois dans des régions du monde qui n'ont pas été assez étudiées. C'est certain, les archéologues du futur ne manqueront pas de travail !

BLOC-NOTES

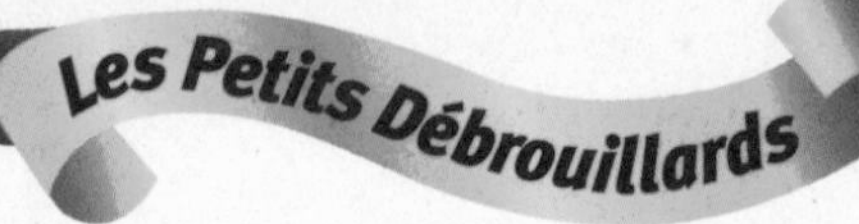

Les expériences que tu viens de découvrir dans ce livre ont été rédigées et testées par l'association des Petits Débrouillards. Dans toutes les régions de France, cette association propose aux jeunes des animations pour découvrir les sciences en s'amusant. Et il existe même des Petits Débrouillards dans de nombreux autres pays.
En rejoignant les Petits Débrouillards de ta région, tu pourras choisir de nombreux thèmes à explorer : l'espace, la chimie, la météorologie, l'environnement, la ville, le corps humain, et bien d'autres encore. Dans des clubs, des ateliers, des centres de vacances, des classes de découverte, tu réaliseras encore plus d'expériences et tu pourras même préparer des maquettes, des machines, des jouets que tu seras invité à présenter dans des expositions !

L'Association française des Petits Débrouillards, c'est :
Plus de 100 clubs locaux, 50 centres de vacances et classes de découverte, plus de 2 000 ateliers dans les écoles, les centres de loisirs et les « bas d'immeuble ».
Elle est soutenue par : le ministère de l'Éducation nationale, le ministère de la Culture, le ministère de la Jeunesse et des Sports, le ministère de la Ville.

Fais connaissance avec les Petits Débrouillards de ta région en t'adressant à :
Les Petits Débrouillards, La Halle aux cuirs, 2 rue de la Clôture, 75930 Paris Cedex 19
sur Internet : anpd@infonie. fr
sur son site web : http ://www.lespetitsdebrouillards.com

Pour les 8-12 ans

L'Encyclopédie pratique des Petits Débrouillards

- **Volume 1.** À la découverte de l'eau
- **Volume 2.** L'invisible
- **Volume 3.** Vivre de mille manières
- **Volume 4.** Les secrets de l'air
- **Volume 5.** Planète Terre
- **Volume 6.** Le monde des extrêmes
- **Volume 7.** Des machines pour explorer le monde
- **Volume 8.** L'infiniment petit
- **Volume 9.** L'Univers, la Terre et les humains
- **Volume 10.** Qui sommes-nous ?

Sciences en poche

- **Les surprises du toucher**
- **Le cœur de la Terre**
- **Les transformations de l'eau**
- **Le goût et l'odorat**
- **Les mystères de la vision**
- **Les origines de la vie**
- **Le puzzle des continents**
- **Terre, planète de vie**
- **Étonnantes mesures**
- **Les astuces de la chimie**
- **La vie dans l'eau**
- **Les saisons et les climats**
- **Des engins pour aller partout**
- **Sur les traces des humains**

Hors série

- **Le Soleil et ses éclipses**
- **L'eau, un bien à protéger**
- **L'électricité, une énergie à maîtriser**
- **La mer, des richesses à respecter**

Pour les 5-7 ans

Les 5/7 ans, une série de livres complices à partager avec les plus petits :

- **Le goût et la cuisine**
- **La vue et les couleurs**
- **L'ouïe et la musique**
- **Le toucher et le corps**
- **L'odorat et la nature**
- **La nuit et le sommeil**
- **La rue et la prudence**
- **La campagne et la nature**
- **La maison et ses secrets**

Imprimé en France sur les presses
de l'imprimerie Pollina s.a., 85400
Luçon - n° L83900D